# Husch, husch, ins Bettchen - Das Liederbuch

## 20 Gute-Nacht-, Abend- und Laternenlieder für Kinder

Das Liederbuch mit allen Texten, Noten und Gitarrengriffen zum Mitsingen und Mitspielen

Kinderlieder mit Stephen Janetzko

*... mehr Info, mehr CDs, mehr Lieder & Noten:*
*www.kinderliederhits.de*

Copyright © 2016 Verlag Stephen Janetzko, Erlangen
***www.kinderliederhits.de***
Alle Lieder verlegt bei Edition SEEBÄR- Musik Stephen Janetzko, Erlangen
*Online-Shop im Internet unter **www.kinderlieder-shop.de***
Covergrafik: Stephen Janetzko (CD-Cover: Frohmut Ritter)
Notensatz, grafische Vorbereitung und Idee: Stephen Janetzko
All rights reserved.

ISBN-10: 3957222346

**ISBN-13: 978-3-95722-234-3**

Alle Rechte vorbehalten.

*Dieses Werk ist urheberrechtlich geschützt. Jegliche Vervielfältigung und Verwertung ist nur mit Zustimmung der Autoren bzw. des Verlags zulässig. Das gilt insbesondere für Übersetzungen, die Einspeicherung und Verarbeitung in elektronischen Systemen sowie für das öffentliche Zugänglichmachen wie zum Beispiel über das Internet.*
*Ein Nachdruck oder eine Weiterverwertung ist nur mit schriftlicher Genehmigung des Verlags möglich.*

© Verlag Stephen Janetzko, **www.kinderliederhits.de**

# Inhaltsverzeichnis

| Lied: | Seitenzahl: |
|---|---|
| Husch, husch, ins Bettchen | 4 |
| Wiegenlied (Schlaf, mein Kind, schlaf leise) | 5 |
| Stille ist es bei den Schafen | 6 |
| Gute Nacht, ihr lieben Leute | 7 |
| Ich bin müde | 8 |
| Komm, mein kleines Kätzchen | 9 |
| Meine Laterne | 10 |
| Der Vollmond (Hinter dem Berghügel wird es hell) | 11 |
| Schlaf, mein Töchterlein | 12 |
| Sieh, wie die Sterne leuchten | 13 |
| Gute Nacht, lieber Himmel | 14 |
| Laterne, Laterne (Janetzko) | 15 |
| Leise, leise, leise | 16 |
| La-La-Laterne (5-stimmiger Laternenkanon) | 17 |
| Gähnmadame und Schnarchmonsieur | 18 |
| Schlaf, mein Kindlein, schlafe ein (Wiegenlied) | 19 |
| Gute Nacht-Lied (Der Tag hat sich geneiget) | 20 |
| Laterne - zeige mir den Weg | 21 |
| Gute Nacht (Ab mit dir ins Bett) | 22 |
| Alle braven Kinder schlafen (Schlaflied) | 23 |

---

**Die CD zum Buch:**

**CD Husch, husch, ins Bettchen -** 20 Gute-Nacht-, Abend- und Laternenlieder für Kinder

Best.-Nr. 91033-27,
**ISBN 978-3-932455-95-7**

# Husch, husch, in's Bettchen

Text: Herta Dieckhoff; Musik: Stephen Janetzko; CD "Husch, husch, ins Bettchen"
© Edition SEEBÄR-Musik Stephen Janetzko, www.kinderliederhits.de

Refrain: Husch, husch, in's Bett-chen, klei-ne Maus, denn dei-ne Äug-lein sehn so mü-de aus. Fal-te die Hän-de zum Ge-bet, der lie-be Gott, er hört's und sieht's.

1. Die Eng-lein hal-ten bei dir Wacht, dass du im Traum nicht gleich er-wachst. Halt dei-nen Ted-dy fest im Arm, er ist so mol-lig und so warm.

Refrain: Husch, husch, in's Bettchen...

2. Auch Vati, Mutti müssen schlafen,
alle Menschen gehn zur Ruh;
sind müde vom täglichen Schaffen,
ihre Augen fallen zu.

Refrain: Husch, husch, in's Bettchen...

3. Fröhlich des Morgens dann erwachen,
sieht man alles hell und klar
und auch die Sonne wieder lachen,
ist das denn nicht wunderbar!

Refrain: Husch, husch, in's Bettchen...

# Schlaf, mein Kind, schlaf leise
## (Wiegenlied)

Text und Musik: Stephen Janetzko; CD "Husch husch ins Bettchen"
© Edition SEEBÄR-Musik Stephen Janetzko, www.kinderliederhits.de

Tempo: ca. 162

1. Schlaf, mein Kind, schlaf lei - se. Schlaf, mein Kind, schlaf ein.
   Schlaf, mein Kind, schlaf lei - se. Ich werd bei dir sein.
   Sieh am Him-mel die Ster - ne, sieh am Him-mel den Mond.
   Schlaf, mein Kind, schlaf lei - se. Schlaf, mein Kind, schlaf ein.

2. Schlaf, mein Kind, schlaf leise. Schlaf, mein Kind, schlaf ein.
   Schlaf, mein Kind, schlaf leise. Du bist nicht allein.
   Schließe fest deine Augen. Träume zärtlich und süß.
   Schlaf, mein Kind, schlaf leise. Schlaf, mein Kind, schlaf ein.

# Stille ist es bei den Schafen

*Text: Günter Hugk; Musik: Stephen Janetzko; CD "Husch husch ins Bettchen"*
*© Edition SEEBÄR-Musik Stephen Janetzko, www.kinderliederhits.de*

2. Auch die Großen müssen schlafen, wenn sie müde sind vom Tun.
   Selbst den Fürsten und den Grafen ist`s vonnöten, dass sie ruhn.
   Darum, Kind, darfst du jetzt schlafen; schließe deine Augen zu.
   Gott behütet alle Braven, die da finden tiefe Ruh.

3. Stille ist es bei den Schafen, rings um sie herrscht finstre Nacht.
   Nur der Hirte kann nicht schlafen, weil er ständig für sie wacht.
   Darum, Kind, darfst du jetzt schlafen; schließe deine Augen zu.
   Gott behütet alle Braven, die da finden tiefe Ruh.

# Gute Nacht, ihr lieben Leute

Text und Musik: Stephen Janetzko; CD "Bi-Ba-Badewannen-Hits - 20 Kinderlieder mit Gitarre"
© Edition SEEBÄR-Musik Stephen Janetzko, www.kinderliederhits.de

1. Gute Nacht, ihr lieben Leute. Schlafet ein, jetzt, hier und heute.
Der Tag, der geht zur Ruh: Schließt eure Augen zu!

2. Gute Nacht, ihr lieben Leute. Morgen kommt ein neues Heute
Der Tag war wunderschön: Wir wollen schlafen gehn!

Hinweis:
Dieses Lied gibt es in einer Morgen- und einer Abendvariante.
------------------------------------
Text der Morgenvariante:
------------------------------------
Titel: Guten Morgen, liebe Leute
Text und Musik: Stephen Janetzko

1. Guten Morgen, liebe Leute. Wachet auf, jetzt, hier und heute.
Wer weiß, was kommen mag: Willkommen sei der Tag.

2. Guten Morgen, liebe Leute. Gestern ist vergessen heute.
Die Sonne ruft: Hurra, ein neuer Tag ist da!

# Ich bin müde

Text und Musik: Stephen Janetzko; CD "Sommer"
© Edition SEEBÄR-Musik Stephen Janetzko, www.kinderliederhits.de

Refrain: Ich bin müde...

2. So viel Zeit ist heut verstrichen, weit und breit.
Nur noch Ruh, und mir fall`n beide Augen zu.

Refrain: Ich bin müde...

Spielanregung:
Zum Ende wiederholen wir den Refrain mehrmals
und werden beim Singen immer leiser, so dass wir
zum Schluss nur noch flüsternd singen.
Bei "mü...de" können wir immer kräftig gähnen...

# Komm, mein kleines Kätzchen

Text und Musik: Stephen Janetzko; CD "Bi-Ba-Badewannen-Hits - 20 Kinderlieder mit Gitarre"
© Edition SEEBÄR-Musik Stephen Janetzko, www.kinderliederhits.de

Refrain: Komm, mein klei-nes Kätz-chen, ich be-hü-te dich heut' Nacht.
Dass kein bö-ser Wolf dich frisst o-der ü-ber dich lacht. lacht.
1. Son-ne geht un-ter, dort steht ein Stern. Schlaf nur, ich ha-be dich gern.

2. Fühlst du dich einsam, bist du allein,
immer werd ich bei dir sein.

3. Die Nacht ist dunkel, hell scheint der Mond,
weiß, dass die Angst sich nicht lohnt.

4. Ich bleibe bei dir, was auch geschieht,
auf unser`n Lippen ein Lied.

5. Und wenn ich schlafe, wo ich auch bin,
stets habe ich dich im Sinn.

6. Manchmal am Tage, wenn`s stürmt und kracht,
klingt`s wie die Wölfe bei Nacht.

Hinweis:
Der Refrain ist im 4/4-Takt, die Strophen im 3/4-Takt.
Das gibt dem Lied einen besonderes Flair,
will aber auch etwas geübt sein.

# Meine Laterne

Text und Musik: Stephen Janetzko; CD "Sankt Martin ritt durch Schnee und Wind",
ISBN 978-3-95722-059-2; © Edition SEEBÄR-Musik Stephen Janetzko, www.kinderliederhits.de

Tempo: ca. 168

Refrain: La-la-la, la-la-la, mei-ne La-ter-ne. La-la-la, la-la-la, leuch-te für mich.

1. Kommst du mit mir, ich geh vo-ran, hell leuch-tet un-ser Licht.
   Wir wan-dern durch die Dun-kel-heit, fürch-ten tun wir uns nicht.

Refrain.

2. Schau in der Nacht der helle Schein oben am Himmelszelt.
   Meine Laterne leuchtet heut über die ganze Welt.

Refrain.

3. Leuchte für Freundschaft und für Glück, leuchte für dich und mich.
   Leuchte für Frieden allezeit, das wünscht ein jeder sich!

Refrain.

# Der Vollmond

Text: Käthe Ashoff; Musik: Stephen Janetzko; CD "Husch husch ins Bettchen"
© Edition SEEBÄR-Musik Stephen Janetzko, www.kinderliederhits.de

Tempo: ca. 162

1. Hinter dem Berghügel wird es hell, was ist das für ein nächtlicher Gesell'? Es ist der Vollmond mit seinem Schein, er leuchtet in mein Zimmer hinein.

2. Der nächtliche Gesell´ am Himmelszelt
   steuert die Gezeiten und die übriger Welt.
   Die Elfen tanzen auf grünem Rasen
   in Rhythmen und Reigen und lieblichen Phasen.

3. Doch ist er nicht immer voll zu seh`n
   Bei "Z" lässt er es sich wohlergeh`n.
   Bei "A" wird immer weniger sein Licht
   bis dass es bald verloschen ist.

4. Die Menschen ließen ihn nicht in Ruh`,
   sie schauten ihm aus der Nähe zu.
   Sie fanden allerdings nur Geröll und Stein
   und stellten ihre Neugier schnell wieder ein.

5. Drum lasset ihn ziehen seine Bahnen,
   was er erwirkt, können wir nur erahnen.
   Es hat alles seinen Raum und seine Zeit,
   bis dass es uns offenbart die Ewigkeit.

6. wie 1.

Hinweis zur 3. Strophe:

Die Zeilen "Bei "Z" lässt er es sich wohlergehen /
Bei "A" wird immer weniger sein Licht" weisen
auf eine alte Merkregel hin, bei der man sich
anhand der altdeutschen Schreibweise der
beiden Buchstaben "A" und "Z" merken kann,
ob wir gerade abnehmenden oder
zunehmenden Mond haben:

"A" steht für abnehmenden Mond (Licht wird weniger),
"Z" für zunehmenden Mond (lässt er es sich wohl ergehen, nimmt zu).

Bei "A" haben wir die abnehmende Mondsichel
auch heute noch in der Schreibschrift
symbolisiert, der Bogen verläuft wie eine nach
links gewölbte Klammer "(" - und wenn der
Mond abnimmt, sehen wir genau diese Form
am Himmel.

Bei "Z" ist es andersherum, in der altdeutschen
Schreibweise verläuft der Bogen wie eine nach
rechts gewölbte Klammer ")" - und wenn der
Mond zunimmt, sehen wir genau diese Form
am Himmel.

Lasst euch von euren Eltern oder Großeltern
einmal zeigen, wie man das "Z" früher in
Schreibschrift schrieb - dann könnt auch ihr
euch diese Regel leicht zunutze machen!

# Schlaf, mein Töchterlein

*Text: Günter Hugk; Musik: Stephen Janetzko; CD "Husch, husch, ins Bettchen"*
*© Edition SEEBÄR-Musik Stephen Janetzko, www.kinderliederhits.de*

2. Schlafe wohl in süßer Ruh, schlaf, mein Töchterlein.
Träume sanft und immerzu von den Engelein.

Refrain: Schlafe, schlafe...

3. Schlafen gehen um die Zeit alle Kinderlein.
Gott in seiner Lindigkeit wird ihr Schlafen weih'n.

Refrain: Schlafe, schlafe...

4. Schlaf, mein kleines Töchterlein, bis es Tag wird sein
und dir singt das Vögelein hell im Sonnenschein!

Refrain: Schlafe, schlafe...

# Sieh, wie die Sterne leuchten!

*Text und Musik: Stephen Janetzko; CD "Husch husch ins Bettchen"*
*© Edition SEEBÄR-Musik Stephen Janetzko, www.kinderliederhits.de*

Refrain: Sieh, wie die Sterne leuchten in dieser dunklen Nacht!
Sieh, wie die Sterne leuchten und wie der Mond uns bewacht!

1. Der Tag war schön, ich kann dich sehn. Schließ die Augen zu.
Ich bin bei dir, du bist bei mir - überall ist Ruh!

Refrain: Sieh, wie die Sterne leuchten ...

2. Schlafe geschwind, es weht der Wind - dir ins Bett hinein.
Im Sternenlicht fürchte dich nicht - du bist nicht allein.

Refrain: Sieh, wie die Sterne leuchten ...

3. Sandmännchens Glück kennt kein Zurück, und es kommt der Schlaf.
Am Himmelszelt, wenn ein Stern fällt, träumt ein kleines Schaf.

Refrain: Sieh, wie die Sterne leuchten ...

# Gute Nacht, lieber Himmel

Text: Anneliese Dressler (Klein); Musik: Stephen Janetzko; CD "Husch husch ins Bettchen"
© Edition SEEBÄR-Musik Stephen Janetzko, www.kinderliederhits.de

Refrain: Gute Nacht, lieber Himmel, komm und decke mich sanft zu, denn ich gehe nun zur Ruh. Lass die Sterne dort oben mir ein stiller Wächter sein, hüte mich bis zum frühen Morgenschein.

1. Lauer Wind geht um das Haus, treibt die bösen Geister aus, und das Käuzchen ruft vom hohen Apfelbaum, und ich versink in einen süßen Traum.

Refrain: Gute Nacht, lieber Himmel...

2. Wenn die Tanne leise rauscht,
und der Wind die Zweige bauscht,
zieht der Mond über den Dachfirst still dahin.
Ich bin zufrieden, weil ich glücklich bin.

Refrain: Gute Nacht, lieber Himmel...

3. Ja, ich schlaf beseligt ein
bei dem milden Mondenschein,
und ich weiß, ich werde fürsorglich bewacht,
bis morgen früh die Sonne wieder lacht.

Refrain: Gute Nacht, lieber Himmel...

# Laterne, Laterne, Sonne, Mond und Sterne

*Text und Musik: trad. aus Norddeutschland; Bearbeitung und Text 2.-5. Strophe: Stephen Janetzko;*
*CD "Ein bisschen so wie Martin", ISBN 978-3-941923-92-8;*
*© Edition SEEBÄR-Musik Stephen Janetzko, www.kinderliederhits.de*

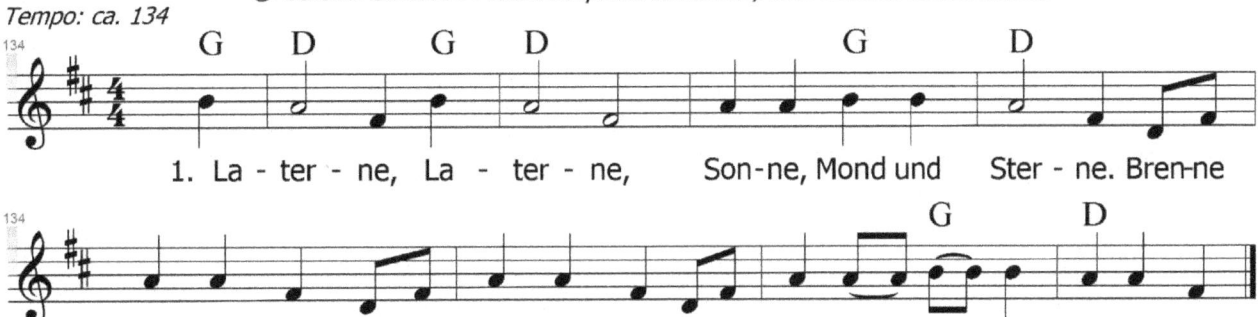

1. La-ter-ne, La-ter-ne, Son-ne, Mond und Ster-ne. Bren-ne auf, mein Licht, bren-ne auf, mein Licht, a-ber nur mei-ne lie-be La-ter-ne nicht.

2. Laterne, Laterne, Sonne, Mond und Sterne.
   Wenn es dunkel ist, wenn es dunkel ist,
   Ja, dann seht ihr erst, wie schön das ist.

3. Laterne, Laterne, Sonne, Mond und Sterne.
   Geh nicht aus, mein Licht, geh nicht aus, mein Licht,
   Denn ich will es sehn, dein Angesicht.

4. Laterne, Laterne, Sonne, Mond und Sterne.
   Und die Winde wehn, und die Winde wehn,
   Laßt uns weiter, weiter, weitergehn.

5. Laterne, Laterne, Sonne, Mond und Sterne.
   Und ein heller Schein, und ein heller Schein,
   Ja, der soll für immer bei uns sein.

# Leise, leise, leise

Text und Musik: Stephen Janetzko; CD "Husch husch ins Bettchen"
© Edition SEEBÄR-Musik Stephen Janetzko, www.kinderliederhits.de

Tempo: ca. 104

1. Lei-se, lei-se, lei___-se, auf der Ster-nen - rei___-se
steht der Mond am Him-mel fein. Schlaf, Kind, schlaf ein.

2. Leise, leise, leise,
Amsel, Fink und Meise
schlafen in den Nestern ein.
Schlaf, Kind, schlaf ein.

3. Leise, leise, leise,
eine Wolkenschneise
öffnet sich dem Mondenschein.
Schlaf, Kind, schlaf ein.

4. Leise, leise, leise,
auf dem Sternengleise
fährt die Mondbahn ganz allein.
Schlaf, Kind, schlaf ein.

5. Leise, leise, leise,
klingt die alte Weise;
fällt vom Herz so manch ein Stein.
Schlaf, Kind, schlaf ein.

6. Leise, leise, leise,
auf der Sternenreise
steht der Mond am Himmel fein.
Schlaf, Kind, schlaf ein.

# La-La-Laterne (Laternenkanon)

*Text und Musik: Stephen Janetzko; CD "Durch die Straßen auf und nieder", ISBN 978-3-95722-205-3; © Edition SEEBÄR-Musik Stephen Janetzko, www.kinderliederhits.de*

*Hinweis: Als fünfstimmiger Kanon, wobei einige Stimmen optional mehrere Textzeilen erhalten können (alternativ immer nur die erste Zeile singen, das geht auch).*

1. La-la-la, La-la-la, La-la-laterne.

2. La--- --- ter-ne.

3. Leuchte, leuchte, gib uns Licht, gib uns Licht!

4. Heute will ich mit dir gehn.
Ach, Laterne, ach, wie schön.
Durch die Straßen laufen wir.
Mir wird warm, bin ich bei dir.

5. Wir zwei, ich und du.
Und ihr schaut uns zu.

# Gähnmadame und Schnarchmonsieur

*Text: Rolf Krenzer; Musik: Stephen Janetzko; CD "Husch, husch, ins Bettchen"*
*Tempo: ca. 200   © Edition SEEBÄR-Musik Stephen Janetzko, www.kinderliederhits.de*

1. Gähn-ma-dame und Schnarch-mon-sieur, die gäh-nen um die Wett'. Doch Gähn-ma-dame und Schnarch-mon-sieur, die woll'n noch nicht ins Bett.

2. Gähnmadame und Schnarchmonsieur, die sagen: "Das hat Zeit!"
...und halten kaum die Augen auf vor lauter Müdigkeit.

3. Gähnmadame und Schnarchmonsieur, wie müde beide sind,
die Gähnmadame, der Schnarchmonsieur, das sieht doch jedes Kind.

4. Gähnmadame und Schnarchmonsieur, die schreien ganz laut: "Nein!
Wir wollen nicht vor morgen früh in unser Bett hinein!"

5. Gähnmadame und Schnarchmonsieur, die geben keine Ruh.
Da fallen ihnen auf einmal von selbst die Augen zu.

6. Gähnmadame und Schnarchmonsieur, die schnarchen um die Wett'.
Die Gähnmadame, der Schnarchmonsieur, die liegen längst im Bett.

Spielanregung:
Nach jeder Strophe kann eine Strophe instrumental gespielt werden;
dabei gähnen und schnarchen wir jeweils im Wechsel nach je zwei Takten
(je ein Takt einatmen, ein Takt ausatmen, danach wechseln).
Je größer die Gruppe, desto lustiger wird's meist...

# Schlaf, mein Kindlein, schlafe ein
## (Wiegenlied)

Text: Günter Hugk; Musik: Stephen Janetzko; CD "Husch, husch, ins Bettchen"
© Edition SEEBÄR-Musik Stephen Janetzko, www.kinderliederhits.de

2. Schlaf, mein Kindlein, schlafe nur, singt die Nachtigall.
Schlafenszeit zeigt an die Uhr, still ist's schon im Stall.

Refrain: Schlaf, mein Kindlein, gute Nacht...

3. Schlaf, mein Kindlein, schlafe fein, schlaf bis morgen früh,
bis dich weckt der Sonnenschein und das Muhn der Küh'.

Refrain: Schlaf, mein Kindlein, gute Nacht...

4. Schlaf, mein Kindlein, schlafe ein, träum recht schön und süß.
Englein mögen um dich sein und das Paradies.

Refrain: Schlaf, mein Kindlein, gute Nacht...

# Gute Nacht-Lied

*Text: Günter Hugk; Musik: Stephen Janetzko; CD "Husch, husch, ins Bettchen"*
*© Edition SEEBÄR-Musik Stephen Janetzko, www.kinderliederhits.de*

Tempo: ca. 162

1. Der Tag hat sich geneiget und rings wird alles still. Mein Kindchen mir jetzt zeiget, dass es jetzt schlafen will. Refrain: Ich wünsche dir, mein Kleines, den schönsten Traum der Welt, vor allem aber eines: Dass Gott dich schützt und hält!

2. Drum singe ich ganz leise dem Kindchen lieb und brav,
dass diese schöne Weise es wiegt in seinen Schlaf.

Refrain: Ich wünsche dir, mein Kleines, den schönsten Traum der Welt...

3. Ja, schlaf nur Kindchen, schlafe, den Schlaf, den Gott dir gibt.
Der Hirt hütet die Schafe, weil er sie alle liebt.

Refrain: Ich wünsche dir, mein Kleines, den schönsten Traum der Welt...

# Laterne - zeige mir den Weg

Text und Musik: Stephen Janetzko; CD "Durch die Straßen auf und nieder", ISBN 978-3-95722-205-3;
© Edition SEEBÄR-Musik Stephen Janetzko, www.kinderliederhits.de

Refrain.

2. Du strahlst in verschiedenen Farben:
Gelb, rot, blau und grün.
Ach, könnte ich immer dich tragen,
das wäre so schön.

Refrain.

Hinweis: Statt C-5 kann auch einfach
C-Dur gespielt werden!

# Gute Nacht (Ab mit dir ins Bett)

Text: Sabine Kokoreff; Musik: Stephen Janetzko; CD "Husch, husch, ins Bettchen"
© Edition SEEBÄR-Musik Stephen Janetzko, www.kinderliederhits.de

3. Hi, ich bin dein Mund, und mir wird's fast zu bunt,
stöhnt dein Wackelzahn; oh Mann, oh Mann, oh Mann.

Refrain (2x): Gute Nacht, gute Nacht...

4. Jetzt ist aber Schluss! Wer spricht? Na, ich dein Fuß.
Und dein großer Zeh schreit nur: Oh weh, oh weh.

Refrain (2x): Gute Nacht, gute Nacht...

# Alle braven Kinder schlafen (Schlaflied)

Text: Günter Hugk; Musik: Stephen Janetzko; CD "Blubb, blubb, blubb, macht der Fisch"
© Edition SEEBÄR-Musik Stephen Janetzko, www.kinderliederhits.de

1. Schlafen gehen alle kleinen Kinder jetzt um diese Zeit.
Darum, Schatz, hör auf zu weinen, hast ja gar kein Herzeleid.
Refrain: Alle braven Kinder schlafen, wie es sich nun mal gehört.
Darum mögest du auch schlafen, tief und ungestört.

2. Schlafen gehen auch die Schafe und das Kätzchen und dein Hund.
Darum Kindlein, schlafe, schlafe; s`ist für dich die rechte Stund´!

Refrain: Alle braven Kinder schlafen...

3. Sternlein, die am Himmel stehen, leuchten schon und halten Wacht,
bis der Tag wird neu entstehen und die Sonne wieder lacht.

Refrain: Alle braven Kinder schlafen...

4. Schlafe wohl in süßer Weise, träum von dem, was dir gefällt.
Oder träum von einer Reise durch die schöne Märchenwelt.

Refrain: Alle braven Kinder schlafen...

---

### Stephen Janetzko
#### (Autor, Liedermacher und Verleger)

Mit einer 20-minütigen MC „Der Seebär" fing alles an, heute sind es weit über 600 Kinderlieder, die der gebürtige Hagener Liedermacher bereits auf über 50 CDs und in zahllosen Liedsammlungen veröffentlicht hat. Viele davon, wie „Hallo und guten Morgen", „Wir wollen uns begrüßen", „Augen Ohren Nase", „Das Lied von der Raupe Nimmersatt", „Hand in Hand" oder „In meiner Bi-Ba-Badewanne", werden heute gesungen in Kindergärten, Schulen und überall, wo Kinder sind.

www.ingramcontent.com/pod-product-compliance
Lightning Source LLC
Chambersburg PA
CBHW081505040426
42446CB00016B/3401